199
Promesas
de Dios

199
Promesas
de Dios

⩘CASA PROMESA
Una división de Barbour Publishing, Inc.

©2010 por Casa Promesa

ISBN 978-1-64352-300-2

Título en inglés: *199 Promises of God*.

© 2007 por Barbour Publishing, Inc.

Desarrollo editorial: Semantics, P.O. Box 290186, Nashville, TN 37229 -

semantics01@comcast.net

Publicado por Casa Promesa, 1810 Barbour Drive, Uhrichsville, Ohio 44683,

www.casapromesa.com.

Nuestra misión es inspirar al mundo con el mensaje transformador de la Biblia.

Member of the
Evangelical Christian
Publishers Association

Impreso en Estados Unidos de América

Introducción

A menudo es muy fácil angustiarnos con las decepciones y desafíos de la vida. Sin darnos cuenta, nuestros corazones se endurecen y nuestra esperanza de una vida plena se derriba.

En su bondad, Dios ha dado inspiradoras promesas de ayuda y aliento para sus hijos dentro de las páginas de su Palabra, la Biblia. Cualquiera sean nuestras necesidades, podemos encontrar en las Escrituras los principios que necesitamos para dirigir las situaciones que enfrentamos.

Esta colección de versículos bíblicos es perfecta para fortalecernos cada día. Este libro no pretende reemplazar al estudio diario y personal de la Biblia. Sin embargo, es una rápida guía de los textos más inspiradores en la Biblia. Esperamos que sea de aliento a medida que lo lee.

1

De modo que si alguno está en
Cristo, nueva criatura es; las
cosas viejas pasaron; he aquí
todas son hechas nuevas.

2 Corintios 5:17 rvr 1960

2

La oración de fe sanará
al enfermo y el Señor lo
levantará. Y si ha pecado, su
pecado se le perdonará.

Santiago 5:15 nvi

3

Por lo cual asimismo padezco esto. Pero no me avergüenzo, porque yo sé a quién he creído y estoy seguro de que es poderoso para guardar mi depósito para aquel día.

2 TIMOTEO 1:12 RVR 1995

4

Dios mío, tú eres mi luz
y mi salvación; ¿de quién
voy a tener miedo? Tú eres
quien protege mi vida;
¡nadie me infunde temor!

Salmo 27:1 tla

5

Clemente y misericordioso
es Jehová, lento para la ira,
y grande en misericordia.

Salmo 145:8 rvr 1960

6

El Señor los ayuda y
los libra; los libra de los
malvados y los salva, porque
en él ponen su confianza.

SALMO 37:40 NVI

7

Porque este Dios es Dios nuestro eternamente y para siempre; él nos guiará aun más allá de la muerte.

SALMO 48:14 RVR 1995

8

Por eso, obedezcan a Dios.
Háganle frente al diablo, y
él huirá de ustedes. Háganse
amigos de Dios, y él se hará
amigo de ustedes. ¡Pecadores,
dejen de hacer el mal! Los
que quieren amar a Dios,
pero también quieren pecar,
deben tomar una decisión: o
Dios, o el mundo de pecado.

SANTIAGO 4:7-8 TLA

9

El que confía en su
propio corazón es necio;
mas el que camina en
sabiduría será librado.

Proverbios 28:6 rvr 1960

10

Sin embargo, como está
escrito: "Ningún ojo ha
visto, ningún oído ha
escuchado, ninguna mente
humana ha concebido lo
que Dios ha preparado
para quienes lo aman".

1 CORINTIOS 2:9 NVI

11

Jesús les respondió: "Yo soy el pan de vida. El que a mí viene nunca tendrá hambre, y el que en mí cree no tendrá sed jamás".

JUAN 6:35 RVR 1995

12

Por eso no nos desanimamos. Aunque nuestro cuerpo se va gastando, nuestro espíritu va cobrando más fuerza. Las dificultades que tenemos son pequeñas, y no van a durar siempre. Pero, gracias a ellas, Dios nos llenará de la gloria que dura para siempre: una gloria grande y maravillosa.

2 Corintios 4:16-17 TLA

13

El labio veraz permanecerá
para siempre; mas la
lengua mentirosa sólo
por un momento.

PROVERBIOS 12:19 RVR 1960

14

Comerán los pobres y se
saciarán; alabarán al Señor
quienes lo buscan; ¡que su
corazón viva para siempre!

SALMO 22:26 NVI

15

Pero así dice Jehová: "Quizás
el cautivo sea rescatado
del valiente y el botín sea
arrebatado al tirano, pero
yo defenderé tu pleito
y salvaré a tus hijos".

ISAÍAS 49:25 RVR 1995

16

Los que te conocen confían en ti, pues nunca los abandonas cuando te buscan.

SALMO 9:10 TLA

17

Desead, como niños recién nacidos, la leche espiritual no adulterada, para que por ella crezcáis para salvación.

1 PEDRO 2:2 RVR 1960

18

El Señor está cerca de
los quebrantados de
corazón, y salva a los
de espíritu abatido.

SALMO 34:18 NVI

19

Ellos dijeron: "Cree en el Señor Jesucristo, y serás salvo tú y tu casa".

HECHOS 16:31 RVR 1995

20

Ustedes han sido salvados porque aceptaron el amor de Dios. Ninguno de ustedes se ganó la salvación, sino que Dios se la regaló.

EFESIOS 2:8 TLA

21

Porque Jehová da la
sabiduría, y de su boca
viene el conocimiento y
la inteligencia. Él provee
de sana sabiduría a los
rectos; es escudo a los que
caminan rectamente.

PROVERBIOS 2:6-7 RVR 1960

22

Él librará al indigente que
pide auxilio, y al pobre
que no tiene quien lo
ayude. Se compadecerá del
desvalido y del necesitado,
y a los menesterosos
les salvará la vida.

SALMO 72:12-13 NVI

23

El amado de Jehová habitará
confiado cerca de él; lo
cubrirá siempre, y entre
sus hombros morará.

Deuteronomio 33:12 RVR 1995

24

Jesús lo miró con amor y le dijo: "Sólo te falta hacer una cosa. Ve y vende todo lo que tienes, y da el dinero a los pobres. Así, Dios te dará un gran premio en el cielo. Luego ven y conviértete en uno de mis seguidores".

Marcos 10:21 tla

25

Si anduviere yo en medio de
la angustia, tú me vivificarás;
contra la ira de mis enemigos
extenderás tu mano, y
me salvará tu diestra.

SALMO 138:7 RVR 1960

26

Aun en la vejez, cuando
ya peinen canas, yo seré el
mismo, yo los sostendré. Yo
los hice, y cuidaré de ustedes;
los sostendré y los libraré.

ISAÍAS 46:4 NVI

27

La paz os dejo, mi paz
os doy; yo no os la doy
como el mundo la da.
No se turbe vuestro
corazón, ni tenga miedo.

JUAN 14:27 RVR 1995

28

Así que las personas
llegan a confiar en Dios
cuando oyen el mensaje
acerca de Jesucristo.

ROMANOS 10:17 TLA

29

Y te amará, te bendecirá y
te multiplicará, y bendecirá
el fruto de tu vientre y el
fruto de tu tierra, tu grano,
tu mosto, tu aceite, la cría de
tus vacas, y los rebaños de tus
ovejas, en la tierra que juró
a tus padres que te daría.

DEUTERONOMIO 7:13 RVR 1960

30

Yo estoy contigo. Te
protegeré por dondequiera
que vayas, y te traeré
de vuelta a esta tierra.
No te abandonaré hasta
cumplir con todo lo
que te he prometido.

GÉNESIS 28:15 NVI

31

Jehová abomina el peso falso,
pero la pesa cabal le agrada.

PROVERBIOS 11:1 RVR 1995

32

Cuando un maestro las
explica, hasta la gente
sencilla las entiende.

SALMO 119:130 TLA

33

Mucho se alegrará el padre del justo, y el que engendra sabio se gozará con él. Alégrense tu padre y tu madre, y gócese la que te dio a luz. Dame, hijo mío, tu corazón, y miren tus ojos por mis caminos.

PROVERBIOS 23:24-26 RVR 1960

34

Pero Dios me rescatará
de las garras del sepulcro
y con él me llevará.

SALMO 49:15 NVI

35

En la casa de mi Padre muchas moradas hay; si así no fuera, yo os lo hubiera dicho; voy, pues, a preparar lugar para vosotros. Y si me voy y os preparo lugar, vendré otra vez y os tomaré a mí mismo, para que donde yo esté, vosotros también estéis.

JUAN 14:2-3 RVR 1995

36

Yo soy su Dios y los
he tomado de la mano;
No deben tener
miedo, porque cuentan
con mi ayuda.

Isaías 41:13 TLA

37

Porque si perdonáis a los
hombres sus ofensas, os
perdonará también a vosotros
vuestro Padre celestial.

Mateo 6:14 rvr 1960

38

Mi Padre es glorificado
cuando ustedes dan mucho
fruto y muestran así que
son mis discípulos.

JUAN 15:8 NVI

39

Porque Jehová, vuestro Dios, es clemente y misericordioso, y no apartará de vosotros su rostro, si vosotros os volvéis a él.

2 CRÓNICAS 30:9 RVR 1995

40

Porque el Espíritu que
Dios les ha dado no los
esclaviza ni les hace tener
miedo. Por el contrario, el
Espíritu nos convierte en
hijos de Dios y nos permite
decirle a Dios: "¡Papá!"

ROMANOS 8:15 TLA

41

Así que, cualquiera que
se humille como este
niño, ése es el mayor en
el reino de los cielos.

MATEO 18:4 RVR 1960

42

Por eso dejará el hombre a
su padre y a su madre, y se
unirá a su esposa, y los dos
llegarán a ser un solo cuerpo.

EFESIOS 5:31 NVI

43

Bienaventurados los mansos, porque recibirán la tierra por heredad.

MATEO 5:5 RVR 1995

44

Si hacen lo que es bueno
y justo, agradarán a Dios.
Así, él hará que les vaya
bien cuando vivan en la
buena tierra que prometió
a sus antepasados.

Deuteronomio 6:18 tla

45

No nos cansemos, pues,
de hacer bien; porque
a su tiempo segaremos,
si no desmayamos.

GÁLATAS 6:9 RVR 1960

46

Les aseguro, respondió
Jesús, que todo el que por
causa del reino de Dios
haya dejado casa, esposa,
hermanos, padres o hijos,
recibirá mucho más en
este tiempo; y en la edad
venidera, la vida eterna.

LUCAS 18:29-30 NVI

47

El de ánimo altanero
suscita contiendas, pero
el que confía en Jehová
prosperará. El que confía
en su propio corazón es un
necio, pero el que camina
con sabiduría será librado.

PROVERBIOS 28:25-26 RVR 1995

48

Ustedes no han pasado
por ninguna tentación que
otros no hayan tenido. Y
pueden confiar en Dios,
pues él no va a permitir que
sufran más tentaciones de
las que pueden soportar.
Además, cuando vengan las
tentaciones, Dios mismo les
mostrará como vencerlas,
y así podrán resistir.

1 Corintios 10:13 TLA

49

Sáname, oh Jehová, y seré
sano; sálvame, y seré salvo;
porque tú eres mi alabanza.

JEREMÍAS 17:14 RVR 1960

50

Dará a luz un hijo, y le
pondrás por nombre Jesús,
porque él salvará a su
pueblo de sus pecados.

MATEO 1:21 NVI

51

Pero así dice Jehová
a la casa de Israel:
"Buscadme y viviréis".

Amós 5:4 RVR 1995

52

Tú, Dios mío, bendices
al que es bueno, y con
tu amor lo proteges.

SALMO 5:12 TLA

53

Él sana a los quebrantados
de corazón, y venda
sus heridas.

SALMO 147:3 RVR 1960

54

Al acostarte, no tendrás
temor alguno; te acostarás
y dormirás tranquilo.

PROVERBIOS 3:24 NVI

55

Porque Jehová oye
a los menesterosos
y no menosprecia a
sus prisioneros.

SALMO 69:33 RVR 1995

56

Pidan a Dios, y él les
dará. Hablen con Dios, y
encontrarán lo que buscan.
Llámenlo, y él los atenderá.
Porque el que confía en
Dios recibe lo que pide,
encuentra lo que busca
y, si llama, es atendido.

MATEO 7:7-8 TLA

57

El que confía en sus riquezas caerá; mas los justos reverdecerán como ramas.

PROVERBIOS 11:28 RVR 1960

58

Yo la sembraré para mí en la tierra; me compadeceré de la "Indigna de compasión", a "Pueblo ajeno" lo llamaré: "Pueblo mío"; y él me dirá: "Mi Dios".

OSEAS 2:23 NVI

59

La gracia de Dios se ha
manifestado para salvación
a toda la humanidad, y nos
enseña que, renunciando a
la impiedad y a los deseos
mundanos, vivamos en
este siglo sobria, justa
y piadosamente...

TITO 2:11-12 RVR 1995

60

Hijos míos, si Dios nos
ha amado así, nosotros
también debemos amarnos
los unos a los otros.

1 Juan 4:11 tla

61

La gloria de los jóvenes es
su fuerza, y la hermosura de
los ancianos es su vejez.

PROVERBIOS 20:29 RVR 1960

62

Él fortalece al cansado y
acrecienta las fuerzas del débil.

ISAÍAS 40:29 NVI

63

De tal manera amó Dios
al mundo, que ha dado a
su Hijo unigénito, para
que todo aquel que en
él cree no se pierda, sino
que tenga vida eterna.

Juan 3:16 rvr 1995

64

Yo haré que corra agua
en el desierto y broten
arroyos en tierras secas.
A tus descendientes les
daré vida nueva y les
enviaré mi bendición.

ISAÍAS 44:3 TLA

65

Yo soy la vid, vosotros
los pámpanos; el que
permanece en mí, y yo
en él, éste lleva mucho
fruto; porque separados
de mí nada podéis hacer.

JUAN 15:5 RVR 1960

66

Reconócelo en todos
tus caminos, y él
allanará tus sendas.

Proverbios 3:6 nvi

67

El menesteroso no para
siempre será olvidado, ni
la esperanza de los pobres
perecerá perpetuamente.

SALMO 9:18 RVR 1995

68

Alabemos a nuestro Dios,
porque él libera a los pobres
de las garras de los malvados.

JEREMÍAS 20:13 TLA

69

Bendeciré abundantemente
su provisión; a sus
pobres saciaré de pan.

SALMO 132:15 RVR 1960

70

Tengan fe en Dios,
respondió Jesús. Les aseguro
que si alguno le dice a este
monte: Quítate de ahí y
tírate al mar, creyendo,
sin abrigar la menor
duda de que lo que dice
sucederá, lo obtendrá.

MARCOS 11:22–23 NVI

71

Destruirá a la muerte
para siempre, y enjugará
Jehová el Señor las lágrimas
de todos los rostros.

Isaías 25:8 rvr 1995

72

Pero somos tu pueblo, y
aunque estemos destruidos
volveremos a vivir.
Tú llenarás de vida y alegría
a esta nación sin vida.

ISAÍAS 26:19 TLA

73

Pero yo os digo: "Amad a vuestros enemigos, bendecid a los que os maldicen, haced bien a los que os aborrecen, y orad por los que os ultrajan y os persiguen; para que seáis hijos de vuestro Padre que está en los cielos, que hace salir su sol sobre malos y buenos, y que hace llover sobre justos e injustos".

MATEO 5:44-45 RVR 1960

74

El producto de la justicia
será la paz; tranquilidad
y seguridad perpetuas
serán su fruto.

ISAÍAS 32:17 NVI

75

Como está escrito: "He aquí pongo en Sión piedra de tropiezo y roca de caída; y el que crea en él, no será defraudado".

ROMANOS 9:33 RVR 1995

76

Dios mío, tú cumplirás en
mí todo lo que has pensado
hacer. Tu amor por mí no
cambia, pues tú mismo me
hiciste. ¡No me abandones!

SALMO 138:8 TLA

77

Porque Jehová vuestro Dios
va con vosotros, para pelear
por vosotros contra vuestros
enemigos, para salvaros.

DEUTERONOMIO 20:4 RVR 1960

78

Dichoso el que piensa en el débil; el Señor lo librará en el día de la desgracia. El Señor lo protegerá y lo mantendrá con vida; lo hará dichoso en la tierra y no lo entregará al capricho de sus adversarios.

SALMO 41:1–2 NVI

79

El que tiene mis
mandamientos y los guarda,
ese es el que me ama; y el
que me ama será amado
por mi Padre, y yo lo amaré
y me manifestaré a él.

Juan 14:21 RVR 1995

80

Cristo nunca pecó. Pero Dios lo trató como si hubiera pecado, para declararnos inocentes por medio de Cristo.

2 CORINTIOS 5:21 TLA

81

Más yo haré venir sanidad
para ti, y sanaré tus
heridas, dice Jehová.

JEREMÍAS 30:17 RVR 1960

82

En él tenemos la redención
mediante su sangre,
el perdón de nuestros
pecados, conforme a las
riquezas de la gracia.

EFESIOS 1:7 NVI

83

El pecado no se enseñoreará
de vosotros, pues no estáis
bajo la ley, sino bajo la gracia.

ROMANOS 6:14 RVR 1995

84

Humíllate y obedece
a Dios, y recibirás
riquezas, honra y vida.

PROVERBIOS 22:4 TLA

85

Guardaréis, pues, las palabras
de este pacto, y las pondréis
por obra, para que prosperéis
en todo lo que hiciereis.

DEUTERONOMIO 29:9 RVR 1960

86

Podrá tropezar, pero no
caerá, porque el Señor lo
sostiene de la mano.

SALMO 37:24 NVI

87

Porque los montes se
moverán y los collados
temblarán, pero no
se apartará de ti mi
misericordia ni el pacto
de mi paz se romperá,
dice Jehová, el que tiene
misericordia de ti.

Isaías 54:10 RVR 1995

88

No me da vergüenza
anunciar esta buena noticia.
Gracias al poder de Dios,
todos los que la escuchan y
creen en Jesús son salvados.

Romanos 1:16 tla

89

En todo os he enseñado
que, trabajando así, se debe
ayudar a los necesitados,
y recordar las palabras
del Señor Jesús, que dijo:
"Más bienaventurado
es dar que recibir".

HECHOS 20:35 RVR 1960

90

Porque el que a sí mismo se enaltece será humillado, y el que se humilla será enaltecido.

MATEO 23:12 NVI

91

Jehová abre los ojos a los
ciegos; Jehová levanta
a los caídos; Jehová
ama a los justos.

Salmo 146:8 rvr 1995

92

Cobren ánimo y ármense
de valor, todos los que
en el Señor esperan.

SALMO 31:24 NVI

93

Pero yo salvaré a todo
seguidor mío que confíe
en mí hasta el final.

MATEO 24:13 TLA

94

Además, a quien Dios le concede
abundancia y riquezas, también
le concede comer de ellas, y
tomar su parte y disfrutar de sus
afanes, pues esto es don de Dios.

ECLESIASTÉS 5:19 NVI

95

Bienaventurados sois cuando por mi causa os vituperen y os persigan, y digan toda clase de mal contra vosotros, mintiendo. Gozaos y alegraos, porque vuestro galardón es grande en los cielos; porque así persiguieron a los profetas que fueron antes de vosotros.

MATEO 5:11–12 RVR 1960

96

Y la esperanza no nos
defrauda, porque el
amor de Dios ha sido
derramado en nuestros
corazones por el Espíritu
Santo que nos fue dado.

ROMANOS 5:5 RVR 1995

97

Al que soporta las
dificultades Dios lo bendice.
Porque cuando las supera,
Dios le da el premio y el
honor más grande que
puede recibir: la vida
eterna que ha prometido
a quienes lo aman.

SANTIAGO 1:12 TLA

98

Bueno es Jehová a los
que en él esperan, al
alma que le busca.

LAMENTACIONES 3:25 RVR 1960

99

Disciplina a tu hijo, y te traerá tranquilidad; te dará muchas satisfacciones.

PROVERBIOS 29:17 NVI

100

Cuando alguno es tentado
no diga que es tentado de
parte de Dios, porque Dios
no puede ser tentado por
el mal ni él tienta a nadie.

Santiago 1:13 RVR 1995

101

Porque Dios corrige a
quienes ama, como corrige
un padre a sus hijos.

PROVERBIOS 3:12 TLA

102

Ahora, así dice Jehová,
Creador tuyo, oh Jacob,
y Formador tuyo, oh
Israel: "No temas, porque
yo te redimí; te puse
nombre, mío eres tú".

Isaías 43:1 RVR 1960

103

La corona del anciano son
sus nietos; el orgullo de
los hijos son sus padres.

Proverbios 17:6 nvi

104

Si alguno de vosotros tiene
falta de sabiduría, pídala
a Dios, el cual da a todos
abundantemente y sin
reproche, y le será dada.

SANTIAGO 1:5 RVR 1995

105

Pero los que me hagan caso
vivirán tranquilos y en paz, y
no tendrán miedo del mal.

PROVERBIOS 1:33 TLA

106

Deje el impío su camino,
y el hombre inicuo sus
pensamientos, y vuélvase
a Jehová, el cual tendrá
de él misericordia, y al
Dios nuestro, el cual será
amplio en perdonar.

ISAÍAS 55:7 RVR 1960

107

Infundiré mi Espíritu
en ustedes, y haré que
sigan mis preceptos y
obedezcan mis leyes.

EZEQUIEL 36:27 NVI

108

Amados, amémonos unos
a otros, porque el amor es
de Dios. Todo aquel que
ama es nacido de Dios y
conoce a Dios. El que no
ama no ha conocido a Dios,
porque Dios es amor.

1 JUAN 4:7–8 RVR 1995

109

Hace justicia a los que son
maltratados por los poderosos,
da de comer a los hambrientos,
y pone en libertad a los presos.

SALMO 146:7 TLA

110

Mas buscad primeramente el
reino de Dios y su justicia, y todas
estas cosas os serán añadidas.

MATEO 6:33 RVR 1960

111

Si ustedes creen, recibirán
todo lo que pidan en oración.

MATEO 21:22 NVI

112

Si tenéis estas cosas y abundan en vosotros, no os dejarán estar ociosos ni sin fruto en cuanto al conocimiento de nuestro Señor Jesucristo.

2 PEDRO 1:8 RVR 1995

113

El que cree en mí, que soy
el Hijo de Dios, no será
condenado por Dios. Pero
el que no cree ya ha sido
condenado, precisamente
por no haber creído en
el Hijo único de Dios.

JUAN 3:18 TLA

114

Ahora, pues, hijos, oídme,
y bienaventurados los que
guardan mis caminos.
Atended el consejo, y sed
sabios, y no lo menospreciéis.

PROVERBIOS 8:32–33 RVR 1960

115

Aun si voy por valles
tenebrosos, no temo
peligro alguno porque tú
estás a mi lado; tu vara de
pastor me reconforta.

SALMO 23:4 NVI

116

Ni se mientan unos a otros,
porque ustedes ya han
dejado la vida de pecado
y ahora viven de manera
diferente. En realidad,
ustedes son personas nuevas,
que cada vez se parecen
más a Dios su creador, y
cada vez lo conocen mejor.

COLOSENSES 3:9–10 TLA

117

En ti confiarán los que conocen
tu nombre, por cuanto tú,
Jehová, no desamparaste
a los que te buscaron.

SALMO 9:10 RVR 1995

118

Porque Jehová tiene
contentamiento en su
pueblo; hermoseará a los
humildes con la salvación.

SALMO 149:4 RVR 1960

119

Mándales que hagan el bien, que sean ricos en buenas obras, y generosos, dispuestos a compartir lo que tienen. De este modo atesorarán para sí un seguro caudal para el futuro y obtendrán la vida verdadera.

1 TIMOTEO 6:18–19 NVI

120

A cualquiera, pues, que
me oye estas palabras y
las pone en práctica, lo
compararé a un hombre
prudente que edificó su casa
sobre la roca. Descendió
la lluvia, vinieron ríos,
soplaron vientos y golpearon
contra aquella casa; pero
no cayó, porque estaba
cimentada sobre la roca.

MATEO 7:24–25 RVR 1995

121

Dios es como una alta torre;
hacia él corren los buenos
para ponerse a salvo.

PROVERBIOS 18:10 TLA

122

Mas el impío, si se apartare
de todos sus pecados que
hizo, y guardare todos mis
estatutos e hiciere según
el derecho y la justicia, de
cierto vivirá; no morirá.

EZEQUIEL 18:21–22 RVR 1960

123

Esto es bueno y agradable
a Dios nuestro Salvador,
pues él quiere que todos
sean salvos y lleguen a
conocer la verdad.

1 Timoteo 2:3-4 nvi

124

Daré también hierba en tu campo para tus ganados, y comerás, hasta saciarte.

DEUTERONOMIO 11:15 RVR 1995

125

Nuestro Dios es como
un castillo que nos
brinda protección. Dios
siempre nos ayuda cuando
estamos en problemas.

SALMO 46:1 TLA

126

Las Sagradas Escrituras, las cuales te pueden hacer sabio para la salvación por la fe que es en Cristo Jesús. Toda la Escritura es inspirada por Dios, y útil para enseñar, para redargüir, para corregir, para instruir en justicia.

2 TIMOTEO 3:15-16 RVR 1960

127

Si ellos le obedecen y le
sirven, pasan el resto de
su vida en prosperidad,
pasan felices los años
que les quedan.

JOB 36:11 NVI

128

Sabemos, además, que a los que aman a Dios, todas las cosas los ayudan a bien, esto es, a los que conforme a su propósito son llamados.

ROMANOS 8:28 RVR 1995

129

Antes de que me llamen,
yo les responderé;
Antes de que terminen
de hablar, yo los
habré escuchado.

ISAÍAS 65:24 TLA

130

Nunca se apartará de tu boca
este libro de la ley, sino que
de día y de noche meditarás
en él, para que guardes y
hagas conforme a todo lo
que en él está escrito; porque
entonces harás prosperar tu
camino, y todo te saldrá bien.

JOSUÉ 1:8 RVR 1960

131

Confía en el Señor y haz
el bien; establécete en
la tierra y manténte fiel.
Deléitate en el Señor, y él
te concederá los deseos de
tu corazón. Encomienda
al Señor tu camino; confía
en él, y él actuará.

SALMO 37:3–5 NVI

132

Si sois ultrajados por el
nombre de Cristo, sois
bienaventurados, porque
el glorioso Espíritu de
Dios reposa sobre vosotros.
Ciertamente, por lo que hace
a ellos, él es blasfemado, pero
por vosotros es glorificado.

1 PEDRO 4:14 RVR 1995

133

Adórenme, pues yo
soy su Dios. Yo los
bendeciré con abundantes
alimentos. Nunca dejaré
que se enfermen.

Éxodo 23:25 TLA

134

Porque sol y escudo es Jehová Dios; gracia y gloria dará Jehová. No quitará el bien a los que andan en integridad.

Salmo 84:11 RVR 1960

135

Y la paz de Dios,
que sobrepasa todo
entendimiento,
cuidará sus corazones
y sus pensamientos
en Cristo Jesús.

Filipenses 4:7 nvi

136

Mas la misericordia de
Jehová es desde la eternidad
y hasta la eternidad sobre los
que lo temen, y su justicia
sobre los hijos de los hijos.

Salmo 103:17 rvr 1995

137

Yo amo a los que me aman,
y me dejo encontrar por
todos los que me buscan.

PROVERBIOS 8:17 TLA

138

No os dejaré huérfanos;
vendré a vosotros.

JUAN 14:18 RVR 1960

139

No te des al sueño,
o te quedarás pobre;
manténte despierto y
tendrás pan de sobra.

PROVERBIOS 20:13 NVI

140

Luz está sembrada para
el justo y alegría para los
rectos de corazón. ¡Alegraos,
justos, en Jehová, y alabad
la memoria de su santidad!

SALMO 97:11–12 RVR 1995

141

Todos ustedes los que
confían en Dios, ¡anímense
y sean valientes!

142

Ninguna arma forjada contra
ti prosperará, y condenarás
toda lengua que se levante
contra ti en juicio. Esta es
la herencia de los siervos
de Jehová, y su salvación
de mí vendrá, dijo Jehová.

Isaías 54:17 rvr 1960

143

Reconoce, por tanto, que el Señor tu Dios es el Dios verdadero, el Dios fiel, que cumple su pacto generación tras generación, y muestra su fiel amor a quienes lo aman y obedecen sus mandamientos.

DEUTERONOMIO 7:9 NVI

144

Bendeciré abundantemente
su provisión; a sus
pobres saciaré de pan.

Salmo 132:15 RVR 1995

145

Son como árboles sembrados
junto a los arroyos: llegado
el momento, dan mucho
fruto y no se marchitan
sus hojas. ¡Todo lo que
hacen les sale bien!

SALMO 1:3 TLA

146

Con todo, yo siempre
estuve contigo; me tomaste
de la mano derecha.
Me has guiado según tu
consejo, y después me
recibirás en gloria.

SALMO 73:23-24 RVR 1960

147

Si confesamos nuestros
pecados, Dios, que es fiel y
justo, nos los perdonará y nos
limpiará de toda maldad.

1 JUAN 1:9 NVI

148

Mi carne y mi corazón
desfallecen; mas la roca de
mi corazón y mi porción
es Dios para siempre.

<small>Salmo 73:26 rvr 1995</small>

149

Dios se burla de los
burlones, pero brinda su
ayuda a los humildes.

<small>Proverbios 3:34 tla</small>

150

Andad en todo el camino
que Jehová vuestro Dios
os ha mandado, para que
viváis y os vaya bien, y
tengáis largos días en la
tierra que habéis de poseer.

DEUTERONOMIO 5:33 RVR 1960

151

Instruye al niño en el
camino correcto, y aun en
su vejez no lo abandonará.

PROVERBIOS 22:6 NVI

152

Pero sin fe es imposible
agradar a Dios, porque
es necesario que el que se
acerca a Dios crea que él
existe y que recompensa
a los que lo buscan.

HEBREOS 11:6 RVR 1995

153

Ustedes adoran ídolos
malolientes, pero yo me
olvidaré de sus maldades;
los limpiaré como quien
limpia un trapo sucio.
Yo les daré vida nueva. Haré
que cambien su manera de
pensar. Entonces dejarán
de ser tercos y testarudos,
pues yo haré que sean
leales y obedientes.

Ezequiel 36:25-26 tla

154

No temáis, manada pequeña,
porque a vuestro Padre le
ha placido daros el reino.

Lucas 12:32 RVR 1960

155

Yo te instruiré, yo te mostraré el camino que debes seguir; yo te daré consejos y velaré por ti.

SALMO 32:8 NVI

156

Del azote de la lengua serás
protegido y no temerás cuando
venga la destrucción.

JOB 5:21 RVR 1995

157

La respuesta suave aplaca
la ira, pero la palabra áspera
hace subir el furor.

PROVERBIOS 15:1 RVR 1995

158

La Biblia dice: "Dios no
deja en vergüenza a los
que confían en él".

Romanos 10:11 tla

159

Porque no tenemos un sumo
sacerdote que no pueda
compadecerse de nuestras
debilidades, sino uno que
fue tentado en todo según
nuestra semejanza, pero
sin pecado. Acerquémonos,
pues, confiadamente al trono
de la gracia, para alcanzar
misericordia y hallar gracia
para el oportuno socorro.

HEBREOS 4:15-16 RVR 1960

160

El Señor te protegerá; de
todo mal protegerá tu vida.
El Señor te cuidará en el
hogar y en el camino, desde
ahora y para siempre.

SALMO 121:7-8 NVI

161

Pues si vosotros siendo
malos, sabéis dar buenas
cosas a vuestros hijos,
¿cuánto más vuestro
Padre que está en los
cielos dará buenas cosas
a los que le pidan?

MATEO 7:11 RVR 1995

162

Hermanos en Cristo, ustedes
deben sentirse muy felices
cuando pasen por toda clase
de dificultades. Así, cuando
su confianza en Dios sea
puesta a prueba, ustedes
aprenderán a soportar con
más fuerza las dificultades.
Por lo tanto deben resistir
la prueba hasta el final,
para que sean mejores
y capaces de obedecer
lo que se les ordene.

Santiago 1:2-4 tla

163

Jehová está en medio de
ti, poderoso, él salvará; se
gozará sobre ti con alegría,
callará de amor, se regocijará
sobre ti con cánticos.

Sofonías 3:17 RVR 1960

164

El que ama a su hermano
permanece en la luz, y
no hay nada en su vida
que lo haga tropezar.

1 Juan 2:10 nvi

165

No os olvidéis de la hospitalidad, porque por ella algunos, sin saberlo, hospedaron ángeles.

HEBREOS 13:2 RVR 1995

166

"Solo vivirá segura la gente
que es honesta y siempre
dice la verdad, la que
no se enriquece a costa
de los demás, la que no
acepta regalos a cambio de
favores, la que no se presta
a cometer un crimen, ¡la
que ni siquiera se fija en la
maldad que otros cometen!
Esa gente tendrá
como refugio una
fortaleza de rocas;
siempre tendrá pan, y
jamás le faltará agua".

Isaías 33:15-16 TLA

167

He aquí yo derramaré mi espíritu sobre vosotros, y os haré saber mis palabras.

PROVERBIOS 1:23 RVR 1960

168

La senda de los justos se
asemeja a los primeros
albores de la aurora;
su esplendor va en
aumento hasta que el día
alcanza su plenitud.

PROVERBIOS 4:18 NVI

169

Amad, pues, a vuestros
enemigos, haced el bien,
y prestad, no esperando
de ello nada; y vuestra
recompensa será grande, y
seréis hijos del Altísimo,
porque él es benigno para
con los ingratos y malos.
Sed, pues, misericordiosos,
como también vuestro
Padre es misericordioso.
No juzguéis y no seréis
juzgados; no condenéis y no
seréis condenados; perdonad
y seréis perdonados.

Lucas 6:35-37 rvr 1995

170

Grande es Dios, que
le dio paz a su pueblo
Israel, cumpliendo así
todo lo que prometió.
No ha dejado de cumplir
ni una sola de las
promesas que nos dio
por medio de Moisés.

1 Reyes 8:56 tla

171

Enjugará Dios toda
lágrima de los ojos de
ellos; y ya no habrá muerte,
ni habrá más llanto, ni
clamor, ni dolor; porque las
primeras cosas pasaron.

APOCALIPSIS 21:4 RVR 1960

172

Tu palabra es una lámpara a mis pies; es una luz en mi sendero.

SALMO 119:105 NVI

173

A Jehová presta el que da al pobre; el bien que ha hecho se lo devolverá.

PROVERBIOS 19:17 RVR 1995

174

Hijos, obedezcan a sus padres, porque ustedes son de Cristo y eso es lo que les corresponde hacer. El primer mandamiento que va acompañado de una promesa es el siguiente: "Respeta y obedece a tu padre y a tu madre, para que todo te salga bien y tengas una larga vida en la tierra".

Efesios 6:1-3 tla

175

Echa sobre Jehová tu carga,
y él te sustentará; no dejará
para siempre caído al justo.

SALMO 55:22 RVR 1960

176

Manténganse libres del amor
al dinero, y conténtense con
lo que tienen, porque Dios
ha dicho: "Nunca te dejaré;
jamás te abandonaré".

HEBREOS 13:5 NVI

177

Por lo cual estoy seguro de
que ni la muerte ni la vida,
ni ángeles ni principados ni
potestades, ni lo presente
ni lo por venir, ni lo alto
ni lo profundo, ni ninguna
otra cosa creada nos
podrá separar del amor
de Dios, que es en Cristo
Jesús, Señor nuestro.

ROMANOS 8:38–39 RVR 1995

178

No sufrirás las desgracias
que caen sobre los malvados.
Dios siempre estará a tu
lado y nada te hará caer.

PROVERBIOS 3:25-26 TLA

179

Comeréis hasta saciaros,
y alabaréis el nombre de
Jehová vuestro Dios, el
cual hizo maravillas con
vosotros; y nunca jamás será
mi pueblo avergonzado.

JOEL 2:26 RVR 1960

180

Todo el que tiene esta
esperanza en Cristo,
se purifica a sí mismo,
así como él es puro.

1 Juan 3:3 NVI

181

Dijo luego a sus discípulos: "Por tanto os digo: No os angustiéis por vuestra vida, qué comeréis; ni por el cuerpo, qué vestiréis. La vida es más que la comida, y el cuerpo más que el vestido".

Lucas 12:22-23 RVR 1995

182

Los justos, en sus casas,
repiten este grito de alegría:
"¡Dios con su poder ha
alcanzado la victoria!
¡Alabemos su poder!"

SALMO 118:15 TLA

183

Luego les dijo: "Id, comed
grosuras, y bebed vino
dulce, y enviad porciones
a los que no tienen nada
preparado; porque día santo
es a nuestro Señor; no os
entristezcáis, porque el gozo
de Jehová es vuestra fuerza".

NEHEMÍAS 8:10 RVR 1960

184

Las manos ociosas conducen
a la pobreza; las manos
hábiles atraen riquezas.

PROVERBIOS 10:4 NVI

185

Encaminará a los humildes
en la justicia y enseñará a
los mansos su carrera.

SALMO 25:9 RVR 1995

186

Pero tú mismo has dicho:
"La gente pobre y humilde
ya no aguanta tanto
maltrato; voy a entrar en
acción y los pondré a salvo".

SALMO 12:5 TLA

187

Paz, paz al que está
lejos y al cercano, dijo
Jehová; y lo sanaré.

Isaías 57:19 rvr 1960

188

Ésta es la confianza que
tenemos al acercarnos
a Dios: que si pedimos
conforme a su voluntad, él
nos oye. Y si sabemos que
Dios oye todas nuestras
oraciones, podemos estar
seguros de que ya tenemos
lo que le hemos pedido.

1 Juan 5:14-15 nvi

189

Mas él fue herido por nuestras rebeliones, molido por nuestros pecados. Por darnos la paz, cayó sobre él el castigo, y por sus llagas fuimos nosotros curados.

ISAÍAS 53:5 RVR 1995

190

Cuando Dios creó el mundo, dijo: "Que brille la luz donde ahora hay oscuridad". Y cuando nos permitió entender la buena noticia, también iluminó nuestro entendimiento, para que por medio de Cristo conociéramos su grandeza.

2 Corintios 4:6 TLA

191

Si guardareis mis
mandamientos,
permaneceréis en mi amor;
así como yo he guardado los
mandamientos de mi Padre,
y permanezco en su amor.

JUAN 15:10 RVR 1960

192

Entonces me invocaréis,
y vendréis y oraréis a
mí, y yo os oiré.

JEREMÍAS 29:12 NVI

193

De cierto, de cierto os digo
que el que guarda mi palabra
nunca verá muerte.

JUAN 8:51 RVR 1995

194

Les aseguro que todo el que preste atención a lo que digo, y crea en Dios, quien me envió, tendrá vida eterna. Aunque antes vivía alejado de Dios, ya no será condenado, pues ha recibido la vida eterna.

JUAN 5:24 TLA

195

Porque la palabra de Dios es viva y eficaz, y más cortante que toda espada de dos filos; y penetra hasta partir el alma y el espíritu, las coyunturas y los tuétanos, y discierne los pensamientos y las intenciones del corazón.

HEBREOS 4:12 RVR 1960

196

Por eso el Señor los espera,
para tenerles piedad;
por eso se levanta para
mostrarles compasión.
Porque el Señor es un Dios
de justicia. ¡Dichosos todos
los que en él esperan!

Isaías 30:18 nvi

197

"Si me llaman, yo
les responderé;
si gritan pidiendo ayuda,
yo les diré: 'Aquí estoy'".

Isaías 58:9 TLA

198

Y cualquiera que os diere un vaso de agua en mi nombre, porque sois de Cristo, de cierto os digo que no perderá su recompensa.

MARCOS 9:41 RVR 1960

199

Porque tú, Señor Jehová,
eres mi esperanza, seguridad
mía desde mi juventud.

SALMO 71:5 RVR 1995